GUIDE PRATIQUE

POUR LA

RÉVISION

DES

LISTES ÉLECTORALES

VESOUL

IMPRIMERIE NOUVELLE

—

1928

Chaque électeur a le droit de surveiller la revision des listes électorales

Si la loi a prévu l'institution de deux commissions spéciales, la commission administrative et la commission municipale pour procéder à la revision de la liste électorale dans chaque commune, elle a aussi reconnu à chaque citoyen le droit de contrôler et de faire rectifier les inscriptions et les radiations auxquelles ces commissions procèdent chaque année.

Le présent guide a pour but de mettre à même tout électeur de connaître exactement l'étendue de ses droits et de les faire respecter utilement.

Pour la clarté de l'exposé, nous parlerons successivement :

1° Des conditions à remplir pour être inscrit sur les listes électorales;

2° De la procédure pour obtenir l'inscription par voie de demande ou de réclamation;

3° De la procédure d'appel devant le juge de paix et du pourvoi devant la Cour de Cassation.

Enfin nous terminerons par quelques conseils pratiques et par l'indication de quelques formules d'un usage courant.

I. — *Conditions d'inscription.*

A. — CONDITIONS GENERALES D'INSCRIPTION

Pour pouvoir être inscrit sur la liste électorale d'une commune quelconque en France, il faut remplir les cinq conditions suivantes :

1° *Etre vivant.* — Tout électeur décédé doit être rayé d'après l'article 8 de la loi du 31 mars 1914 « *aussitôt que l'acte de décès aura été dressé* ».

Malheureusement, dans la pratique, il n'en est pas toujours ainsi; c'est un point important, sur lequel doit s'exercer la surveillance des électeurs.

2° *Etre Français*, par la naissance, la naturalisation ou l'annexion.

3° *Etre du sexe masculin*. — Jusqu'à présent, les femmes ne sont pas admises à prendre part aux élections politiques.

4° *Etre majeur*, avant la clôture définitive de la liste, c'est-à-dire avoir 21 ans au plus tard le 31 mars de l'année d'inscription.

5° *Etre capable*, c'est-à-dire jouir de ses droits civils et politiques, n'être donc atteint d'aucune incapacité perpétuelle ou temporaire.

INCAPACITES PERPETUELLES

Sont atteints d'incapacité perpétuelles :

1° Les individus condamnés pour crimes;

2° Les condamnés pour : outrage aux bonnes mœurs, vagabondage, mendicité, usure, tenue de maisons de jeux de hasard, ou de prêts sur gage, *quelle que soit la peine;*

3° Les condamnés à *l'emprisonnement, quelle qu'en soit la durée*, pour vol, escroquerie, abus de confiance, soustraction commise par des dépositaires de deniers publics, attentats aux mœurs, fraudes relatives au recrutement de l'armée;

4° Les condamnés à un *emprisonnement de trois mois au moins*, pour destruction de registres ou actes publics, détérioration de marchandises servant à la fabrication ; dévastation de récoltes, abatage ou mutilation d'arbres appartenant à autrui, destruction de greffes, empoisonnement d'animaux domestiques, tromperie sur les matières d'or et d'argent, sur la nature de toute marchandise, usage et vente de produits falsifiés et nuisibles à la santé.

5° Les condamnés à *un emprisonnement de plus de trois mois*, pour fraude électorale;

6° Les militaires condamnés aux *travaux publics;*

7° Les *officiers ministériels destitués*, à condition que la déchéance soit mentionnée dans le jugement;

8° *Les interdits*, pour imbécilité, démence ou fureur;

9° Les *faillis non réhabilités*.

INCAPACITES TEMPORAIRES

Sont privés du droit de vote pendant cinq ans, à dater du jour de l'expiration de leur peine :

1° Les condamnés à un emprisonnement de plus d'un mois pour rébellion, outrages ou violences envers un dépositaire de l'autorité publique; outrage public envers un un juré cu un témoin, attroupement, affiliation à une société secrète (Décret du 28 juillet 1848).

2° Les condamnés à plus d'un mois de prison et à moins de trois mois pour fabrication ou vente de produits falsifiés ou tromperie sur la chose vendue (Loi du 24 janvier 1889).

En outre, dans certains cas, les tribunaux correctionnels peuvent prononcer par une disposition spéciale l'interdiction du droit de vote.

Cessation des incapacités. — Les incapacités ci-dessus cessent par l'amnistie, la grâce amnistiante ou la réhabilitation, qu'elles soient perpétuelles ou temporaires.

Preuve des incapacités. — La preuve des incapacités résulte de la production du bulletin n° 2 du casier judiciaire. Les particuliers ne peuvent l'obtenir. Mais il appartient au maire, comme président de la commission municipale, et, en tout cas, au juge de paix de le demander en cas de contestation.

B. — CONDITIONS LOCALES D'INSCRIPTION

Pour être inscrit sur les listes d'une commune ou d'une section de commune, il faut, tout en remplissant les conditions générales indiquées ci-dessus, satisfaire en outre à l'une des conditions suivantes :

1° *Avoir son domicile dans la commune ou la section de commune.*

Il y a, au point de vue électoral, trois sortes de domicile :

a) *Le domicile d'origine*, qui est celui où le citoyen naît à la vie politique, soit par la majorité (21 ans au plus tard le 31 mars de l'année), soit par la naturalisation, ou encore l'annexion.

Remarque importante. — Le domicile d'origine ne se perd que par l'acquisition certaine d'un nouveau domicile. La perte du domicile d'origine ne se présume pas; l'électeur doit être présumé au contraire avoir conservé ce domicile. On ne peut être rayé de son domicile d'origine que par le fait d'une inscription sur une autre liste. Et si cette inscription nouvelle n'a pas été faite en vertu de l'acquisition d'un nouveau domicile, il est toujours possible de se faire réintégrer sur la liste du domicile d'origine, quand bien même on n'y a conservé aucun intérêt moral ou matériel. Ce sera le cas par exemple d'un employé de chemin de fer, qui peut rester inscrit indéfiniment sur la liste du domicile d'origine.

b) Domicile légal. — C'est celui qui est attribué d'office par la loi à certaines personnes :

Les magistrats et les fonctionnaires nommés à vie ont leur domicile au lieu où ils exercent leurs fonctions.

Les domestiques, employés et commis habitant chez leur patron, ont le domicile de ce dernier, sauf lorsque celui-ci est étranger.

c) Domicile d'élection. — Toute personne, qui entend fixer en un endroit son domicile d'une façon certaine, peut le faire par le moyen de la double déclaration prévue par l'article 104 du Code Civil (Voir formule plus loin).

Lorsqu'elle correspond à une habitation effective, cette déclaration s'impose au juge.

Effet du domicile au point de vue électoral. — La possession du domicile d'origine, légal ou d'élection, entraîne le droit de se faire inscrire sans délai, si l'habitation est effective, *au plus tard le quatre février.* (Préciser sur la demande d'inscription que celle-ci est sollicitée en vertu du domicile).

2° Avoir la résidence de six mois dans la commune ou section de commune, par rapport au 31 mars, date de clôture définitive de la liste, c'est-à-dire résider depuis le 30 septembre au plus tard de l'année précédente.

Les fonctionnaires sont dispensés du délai de six mois. Il suffit que leur nomination ait été faite avant le 4 février et que ce jour-là, au plus tard, leur inscription ait été demandée.

Toutefois pour être inscrits à ce titre, les fonctionnaires doivent avoir leur habitation dans la commune ou section de commune le 4 février au plus tard.

Sont assimilés aux fonctionnaires, à cet égard, les *agents assermentés* des Compagnies de Chemins de fer.

3° Être inscrit pour la cinquième fois sans interruption dans la commune au rôle des contributions directes ou des prestations en nature.

Les contributions directes dont il s'agit sont : soit la contribution personnelle, soit la mobilière, soit la foncière, soit la patente.

Pour être inscrit, au titre de contribuable ou de prestataire, l'électeur doit faire une demande personnelle précisant qu'il entend être inscrit à ce titre.

REMARQUE. — *Prohibition des inscriptions multiples :*

La loi du 29 juillet 1913 prohibe formellement les inscriptions multiples, c'est-à-dire l'inscription d'un même électeur sur la liste de deux ou de plusieurs communes.

Le fait de réclamer et d'obtenir une inscription sur deux ou plusieurs listes constitue un délit, de même que le fait de prendre part la même année à deux scrutins de même nature.

(Voir plus loin la procédure à suivre pour la suppression des inscriptions multiples).

II. — *De la procédure à suivre pour obtenir l'inscription sur la liste électorale par voie de demande ou de réclamation.*

LA REVISION DES LISTES ELECTORALES

La revision de la liste électorale de chaque commune se fait chaque année, du 1er janvier au 31 mars, en trois étapes :

a) Révision par la commission administrative du 1er-15 janvier;

b) Révision des réclamations par la commission municipale du 15 janvier-4 février;

c) Jugement des réclamations du 4 février au 31 mars.

La clôture définitive de la liste a lieu en principe au 31 mars.

a) **REVISION ADMINISTRATIVE**

Du 1er au 10 janvier, la commission administrative, composée du maire, d'un délégué du préfet et d'un délégué du conseil municipal, procède d'office, ou sur la demande des intéressés, à la revision de la liste, par voie d'additions ou de retranchements.

Elle ajoute :

1° Les citoyens de la commune ayant atteint la majorité (21 ans au 31 mars) ou ayant obtenu la naturalisation;

2° Ceux qui, réunissant les conditions générales et locales, ont fait une demande d'inscription, appuyée d'une demande de radiation sur la liste, où ils étaient inscrits précédemment.

Elle retranche :

1° Les décédés (En principe la radiation de ces derniers doit se faire au fur et à mesure de l'établissement des actes de décès);

2° Ceux qui ont perdu la qualité d'électeur dans la commune ou en général;

3° Ceux dont la radiation a été ordonnée par jugement;

4° Ceux qu'elle reconnaît avoir indûment inscrits ou maintenus, ou dont l'option pour une autre liste lui aura été signifiée.

TABLEAU RECTIFICATIF

Les additions et radiations effectuées du 1er au 10 janvier doivent être portées sur un tableau rectificatif, déposé à la mairie, à la disposition de tous les électeurs, et pour lequel un avis de dépôt doit être affiché obligatoirement à la mairie au plus tard le 15 janvier.

C'est de la date de l'affichage de l'avis de dépôt, que court le délai de 20 jours pour les réclamations devant la commission municipale. Ce délai expire normalement le 4 février, à minuit. Il peut expirer plus tôt, si l'affichage en question a été fait avant le 15 janvier.

Il est capital de surveiller l'affichage de l'avis de dépôt à la porte de la mairie et de prendre connaissance et copie du tableau rectificatif.

b) REVISION DE LA COMMISSION MUNICIPALE

A partir de la publication de l'avis de dépôt du tableau rectificatif, tout électeur de la circonscription électorale a le droit de prendre connaissance et copie dudit tableau, ainsi que de la liste électorale et de demander par voie de réclamations que des modifications y soient apportées.

Des réclamations. — Ces réclamations peuvent porter soit sur le tableau rectificatif, soit sur la liste électorale primitive.

Elles peuvent être faites :

1° *Par les intéressés*, agissant personnellement ou par le moyen d'un mandataire, dont le mandat peut être verbal ou écrit sur papier libre (la légalisation de signature et l'enregistrement ne sont pas exigées);

2° *Par un tiers électeur*, c'est-à-dire par tout électeur appartenant à la même circonscription législative que l'électeur en cause.

Toutefois l'inscription d'un électeur comme contribuable ne peut être requise que par l'intéressé lui-même;

3° *Par le préfet* du département ou le *sous-préfet* de l'arrondissement. (Ne pas compter sur eux).

Remarque importante. — Ni le maire, ni les membres de la commission administrative ou municipale n'ont le droit de faire des réclamations.

Formes et conditions des réclamations.

Les réclamations ne sont astreintes à aucune condition de forme. Elles peuvent être faites verbalement ou par écrit, personnellement ou par mandataire. Il est prudent de les faire par écrit et de s'en faire délivrer récépissé immédiatement, à moins qu'on ne préfère les adresser au maire, président de la commission municipale, par lettre recommandée.

Elles doivent être faites le quatre février au plus tard, avant minuit, à la mairie.

La demande doit faire connaître l'identité exacte du réclamant et celle de chacun des électeurs, dont l'inscription ou la radiation est demandée; on doit donner également les motifs de la réclamation et y joindre toutes les pièces justificatives. Ces dernières peuvent n'être produites que postérieurement, au cours des débats devant la Commission, ou même en appel devant le Juge de Paix.

Les réclamations doivent être consignées à la mairie, sur un registre spécial, transmises par le maire à la Commission municipale et notifiées aux intéressés.

Jugement des réclamations.

La commission municipale qui juge les réclamations en premier ressort est composée des trois membres de la commission administrative, auxquels viennent s'ajouter deux nouveaux délégués du Conseil municipal.

Un avertissement doit être envoyé par le maire à tout électeur, dont l'inscription est contestée; cet avertissement doit donner l'exposé sommaire des motifs.

Les décisions de la commission municipale doivent être écrites, motivées, contenir les indications essentielles d'un jugement, mentionner la présence obligatoire des cinq membres, être rendues publiquement.

Les séances sont présidées par le maire. Les décisions sont prises à la majorité, tous les membres présents.

L'omission de statuer par la commission, qui doit rendre ses décisions en principe le 9 février au plus tard, équivaut à un rejet et ouvre la voie de l'appel.

Les décisions doivent être notifiées dans les trois jours, par écrit et à domicile aux parties intéressées, par les soins du maire.

Le défaut ou l'irrégularité de la notification empêche les délais d'appel de courir.

Les électeurs à qui la notification est due, ont le droit de se faire délivrer gratuitement une copie de la décision. Le retard dans la communication de cette décision recule d'autant les délais d'appel. Le refus fait courir ces délais du jour de la publication définitive des listes, soit du 31 mars.

III. — *Procédure d'appel devant le Juge de Paix.*

Les décisions de la commission municipale peuvent être déférées en appel devant le juge de paix. La procédure est entièrement gratuite. Elle est dispensée du ministère d'avocat ou d'avoué. Toutefois, il est généralement prudent de recourir à un juriste, spécialisé dans ces questions.

Pratiquement, pour la Haute-Saône, l'Agence électorale du *Nouvelliste*, 6, rue Carnot, à Vesoul, d'accord avec le Comité départemental de l'Union Nationale Républicaine de la Haute-Saône, se chargera de toutes les formalités à remplir. Les intéressés pourront toutefois faire appel, s'ils l'entendent, en utilisant la formule donnée au formulaire ci-après.

PAR QUI PEUT ETRE FAIT L'APPEL

Lorsqu'il s'agit d'une décision à frapper d'appel, d'un refus ou d'une omission de statuer, peuvent faire appel tous ceux qui ont été partie ou qui auraient pu être partie devant la commission municipale, c'est-à-dire :

1° Les électeurs intéressés;
2° Les réclamants;
3° Les tiers-électeurs;
4° Le préfet ou le sous-préfet.

Dans le cas exceptionnel d'une réclamation portée directement devant le juge de paix, le droit de saisir ce dernier n'appartient qu'au réclamant.

FORME DE L'APPEL

L'appel est fait obligatoirement au greffe de la Justice de paix, personnellement ou par mandataire, muni ou non d'un mandat écrit. Récépissé doit en être délivré. L'appel ne peut être fait par lettre confiée à la poste, même recommandée.

L'acte d'appel doit préciser toutes les circonstances de la cause : date, noms, objet. Il n'est pas utile de le motiver immédiatement. Les conclusions écrites déposées à l'audience devront y suffire. La décision attaquée doit être produite, soit sous forme de notification, soit sous forme de copie. Les justifications ne seront produites utilement qu'à l'audience.

DELAIS D'APPEL

Pour les électeurs ayant reçu notification de la décision, le délai d'appel est de cinq jours (si le dernier jour est férié le délai est allongé d'un jour).

Pour les électeurs n'ayant pas reçu notification, le délai est de vingt jours, avec une prolongation éventuelle comme ci-dessus.

Il court du jour de la décision, pour ceux à qui cette notification n'était pas due (tiers électeurs, préfet ou sous-préfet);

Du jour où ils en ont eu connaissance, pour ceux à qui elle était due mais n'a pas été faite;

Du jour de la clôture des listes, c'est-à-dire du 31 mars, à l'égard des électeurs dont la réclamation n'a pas été reçue par une faute de la mairie, ou n'a pas été transmise à la commission, ou a fait l'objet d'une omission ou d'un refus de statuer.

AVERTISSEMENT

Le juge de paix doit envoyer un avertissement à toutes les parties intéressées, dans le délai de trois jours francs avant l'audience. Cet avertissement doit être donné à domicile, au besoin par la poste; il fait connaître le jour et l'heure où l'affaire sera appelée.

COMPARUTION DES PARTIES ET JUGEMENT

Les parties peuvent comparaître en personne ou par mandataire; celui-ci peut être un avocat ou un avoué.

Les tiers électeurs, étrangers jusqu'alors à l'affaire, peuvent intervenir avant l'audience ou pendant les débats. L'intervention se forme par déclaration au greffe ou par conclusions déposées à l'audience avant la clôture des débats.

La preuve peut se faire par témoins ou à l'aide de documents de toute nature.

En principe, le jugement doit intervenir dans les dix jours; mais, rendu ultérieurement, il n'est pas nul pour autant.

Le jugement doit remplir les conditions substantielles et de forme prescrites par la loi. Il doit être motivé.

Il doit être notifié aux parties dans les trois jours de la décision.

Recours contre les jugements d'appel.

Les jugements d'appel peuvent faire l'objet d'une opposition lorsqu'ils ont été rendus par défaut; ou d'un pourvoi devant *la Cour de Cassation*, lorsqu'ils ont été contradictoires.

Comme la procédure d'appel, la procédure en cassation est entièrement gratuite, mais le délai n'étant que de dix jours, et la procédure étant assez délicate, il y a lieu d'aviser le plus tôt possible l'Agence électorale du *Nouvelliste de la Haute-Saône*, 6, rue Carnot, Vesoul, qui fera le nécessaire pour le pourvoi et la suite à lui donner.

Procédure spéciale pour la suppression des inscriptions multiples.

La loi du 29 juillet 1913 a prévu une procédure spéciale pour faire cesser les inscriptions multiples. L'article premier spécifie que :

« Lorsqu'un citoyen est inscrit sur plusieurs listes électorales, le maire ou à défaut tout électeur porté sur une des deux listes, peut exiger, devant la commission des listes électorales, huit jours au moins avant leur clôture, que ce citoyen opte pour son maintien sur l'une seulement de ces listes. A défaut de son option dans les huit jours de la notification de la mise en demeure faite par lettre recommandée, il restera inscrit sur la liste dressée dans la commune ou section de commune où il réside depuis six mois et il sera rayé des autres listes. Les réclamations et contestations à ce sujet sont jugées et réglées par les commissions et juges de paix compétents pour opérer la revision de la liste électorale sur laquelle figure l'électeur qui réclame l'option, et ce, suivant les formes et délais prescrits par la loi du 5 avril 1884 ».

Les requêtes à fin d'option ne peuvent être faites que par le maire ou par un électeur figurant sur l'une des listes où se trouve le citoyen inscrit plusieurs fois.

La première commission appelée à statuer est la commission de revision qui, pour ce cas spécial, peut siéger jusqu'au 31 mars, puis la commission municipale. Pour la suite, le juge de paix en appel, et la Cour de Cassation, sont également compétents.

A noter que les requêtes à fin d'option peuvent être adressées du 1ᵉʳ janvier jusqu'au 23 mars inclus.

Conseils pratiques.

Nous conseillons vivement à nos amis qui comprennent l'importance de la revision des listes électorales de se grouper, dans chaque commune, en comité officieux ou officiel. La liste électorale sera constamment tenue à jour par une personne — toujours la même — qui pourra être le correspondant local, le président ou le secrétaire du groupe. Au fur et à mesure des décès, des départs, des arrivées, des condamnations, etc.... la liste sera annotée.

Dans les premiers jours de janvier, une première réunion, ou un premier examen mettra au point les changements intervenus dans le cours de l'année. Quand il s'agira d'amis à faire inscrire, le procédé le plus rapide pour le faire inscrire sera recherché et employé (examiner de près la question de domicile et faire au besoin la déclaration de cessation et de fixation de domicile). Rechercher également ceux qui peuvent être maintenus ou réinscrits en vertu du domicile d'origine ou comme contribuables.

Du 10 au 15 janvier, veiller à la publication de l'avis de dépôt du tableau rectificatif. Prendre sans tarder connaissance et copie du tableau; en envoyer immédiatement une expédition au Secrétariat départemental de l'U. N. R. ou à l'Agence électorale du *Nouvelliste de la Haute-Saône.*

Du 15 janvier au 4 février, faire toutes les réclamations utiles en vue des radiations et inscriptions à obtenir. Exiger toujours un récépissé. (Voir formulaire).

Ne pas oublier que les demandes d'inscriptions ou de radiations peuvent être présentées non seulement par les intéressés mais aussi par les tiers électeurs, c'est-à-dire par tous les électeurs de la circonscription législative, sauf pour le cas d'inscription à titre de contribuable. User largement de cette faculté; mais s'assurer généralement de l'assentiment des amis dont on demande l'inscription.

A partir du 4 février, faire appel des décisions de la commission municipale, qui paraissent irrégulières ou non fondées, ou de préférence aviser l'Agence du *Nouvelliste*.

Veiller aux inscriptions doubles. Pour cela, signaler à l'Agence électorale du *Nouvelliste* ou au Secrétariat départemental de l'U. N. R. tous les électeurs inscrits dans la commune à un titre quelconque et qui n'y habitent pas en indiquant le lieu de leur résidence habituelle. Un assez grand nombre de fonctionnaires sont inscrits à leur domicile d'origine et au lieu où ils exercent leurs fonctions. Ils ont ainsi la possibilité de voter deux fois. La procédure pour les inscriptions multiples pouvant être entamée jusqu'au 23 mars, c'est surtout après le 4 février qu'il y a lieu de s'occuper de ces inscriptions. N'entamer aucune procédure à cet égard avant d'avoir consulté l'Agence électorale ou le Secrétariat départemental de l'U. N. R.

Toutes les déclarations faites en vue des inscriptions ou radiations sur les listes électorales sont faites sur papier libre. Les signatures n'ont pas besoin d'être légalisées, sauf dans le cas de pourvoi direct à la Cour de Cassation.

FORMULES

DECLARATION DE CESSATION ET DE FIXATION DE DOMICILE

Le soussigné (*nom, prénoms, profession*), né le................
à................, demeurant à................, informe M. le Maire de
.... qu'il a cessé d'avoir son domicile dans ladite
commune à compter du................ et qu'il l'a fixé dans la
commune de................

Il demande qu'il lui soit donné récépissé de la présente
déclaration.

   A................, le................

       (*Signature*).

(Cette formule doit être adressée d'abord au maire de
l'ancien domicile, puis à celui du nouveau. Elle peut être
faite simultanément au plus tard le 3 février. Si l'on ne
peut obtenir immédiatement le récépissé, il est prudent
d'envoyer une lettre recommandée au maire de l'ancien
domicile).

Demande d'inscription personnelle.

Le soussigné (*nom, prénoms, profession, demeure*), né
à................, le................, demande son inscription sur la liste
électorale................

Comme ayant son domicile,
ou comme ayant son domicile d'origine,
ou comme résidant depuis une date
 antérieure au 1er octobre dernier.
ou comme contribuable depuis 5 ans.

      n'indiquer qu'une des raisons ci-contre

Ajouter : s'il était inscrit ailleurs.

Il joint à sa demande une demande de radiation de la
liste de la commune de................ où il était inscrit jusqu'à
présent.

   A................, le................

       (*Signature*).

N.-B.— Exiger un récépissé de la mairie.

Demande d'inscription ou de radiation d'électeurs.

Le soussigné (*nom, profession, demeure*), en sa qualité de tiers électeur inscrit sur la liste de la commune de............
demande *l'inscription* de (*nom, prénoms, profession, demeure*)............

Comme domicilié,

ou comme résidant,

ou comme contribuable depuis 5 ans.

Ou

Demande *la radiation* de (*nom, prénoms, profession, demeure*)............

Comme n'étant plus domicilié, ni résidant, ni contribuable, dans la commune,

ou comme décédé,

ou comme ayant perdu ses droits civils et politiques.

A l'appui de cette demande, il dépose les pièces justificatives ci-après :

....

A............, le............

(*Signature*).

NOTA. — Exiger récépissé de la Mairie. Les pièces justificatives peuvent n'être produites que devant la commission ou le juge de paix.

ACTE D'APPEL DEVANT LE JUGE DE PAIX

Le soussigné (*nom, prénoms, profession, demeure*), électeur à............, déclare interjeter appel de la décision rendue par la commission municipale de............ au sujet de la demande d'inscription (ou de radiation) sur la liste électorale du nommé (*nom, prénoms, profession, demeure*)

....

A............, le............

(*Signature*).

NOTA. — Cet acte doit être transcrit sur le registre spécial du Greffier de la Justice de Paix, qui en délivre récépissé. Il ne peut être adressé par la poste; mais il peut être remis par un mandataire, qui peut justifier de son mandat par un mot sur papier libre signé de l'appelant.

TABLE DES MATIÈRES

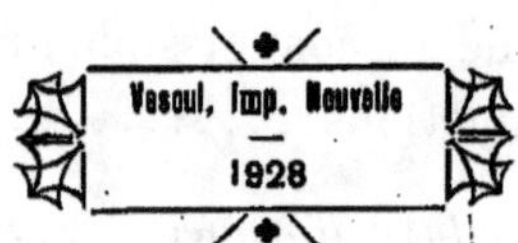

Vesoul, Imp. Neuvelle
—
1928

www.ingramcontent.com/pod-product-compliance
Lightning Source LLC
LaVergne TN
LVHW010817180726
843502LV00009B/3389